AF470193

MUSÉE

DE LA

GALERIE COLBERT.

1832.

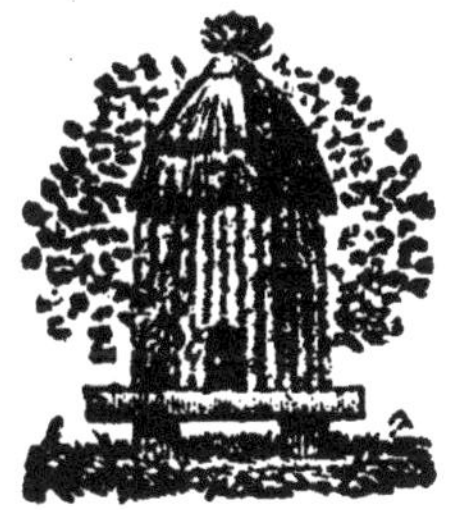

IMPRIMERIE DE DEZAUCHE,
FAUB. MONTMARTRE, N. 11.

Explication

DES

OUVRAGES

DE PEINTURE,

Sculpture, Architecture

ET GRAVURE,

EXPOSÉS A LA GALERIE DU MUSÉE COLBERT, LE 6 MAI 1832,

Par MM. les Artistes,

AU PROFIT DES INDIGENS

DES DOUZE ARRONDISSEMENS DE LA VILLE DE PARIS, ATTEINTS DE LA MALADIE ÉPIDÉMIQUE.

PRIX : 50 CENT.

PARIS.

IMPRIMERIE DE DEZAUCHE,

FAUBOURG MONTMARTRE, N° 11.

1832.

AVIS.

Messieurs les Artistes qui désireraient quelques mutations dans l'arrangement des Tableaux, soit pour les changer de place ou en substituer d'autres, sont priés de vouloir bien s'adresser à M. Paillet qui s'empressera de les satisfaire de suite et de s'appuyer de leurs conseils.

TÉMOIGNAGE

DE GRATITUDE,

A Messieurs les Exposans

DU MUSÉE COLBERT.

———◆———

Depuis que le fléau épidémique porte ses ravages, dans toutes les classes des habitans de la Capitale et particulièrement dans celle des indigens, on a vu chacun s'empresser de porter son offrande pour le soulagement de ceux chez qui le besoin se fait le plus vivement sentir : le riche a retranché son opulence ; l'humble médiocrité, habituée aux privations, s'en est encore imposé de nouvelles pour aider son semblable ; l'industriel, dans ses ressources renaissantes, a pu participer aux bienfaits en déposant une portion de son travail : la Fortune et le Commerce ont acquitté une dette sacrée ; les Arts auraient-ils pu rester étrangers aux actes de bienfaisance ? Non, ceux qui se vouent au culte des beaux-arts, n'ont jamais attendu que la voix du malheureux se fît entendre deux fois ; aux premiers cris de l'indigent les artistes répondent, accourent et aident ; dans cette circonstance, comme dans toutes celles qui se sont présentées, ils se sont inscrits pour une bonne œuvre, toutes les caisses dépositaires des bienfaits ont reçu le tribut de leur talent.

L'enthousiasme pour la cause des Grecs a créé une exposition au profit des victimes de la liberté ; la reconnaissance en a formé une pour les blessés, les veuves et les orphelins des journées de Juillet ; la souscription pour la mendicité porte aussi le nom des artistes ; leurs œuvres ont été profitables à toutes les classes malheureuses.

Le respectable magistrat qui a accueilli l'offre que je lui ai faite au nom de messieurs les artistes, de consacrer leurs ouvrages aux regards du public pour que le produit en soit versé à la caisse des indigens affligés de l'épidémie régnante, leur en témoigne toute sa gratitude, et le public indulgent ne verra dans les ouvrages impromptus qu'un zèle empressé, une intention louable de philantropie, un noble élan des sentimens généreux qui les ont inspirés.

EXPLICATION
DES OUVRAGES
De Peinture,
SCULPTURE, ARCHITECTURE
ET GRAVURE.

M. AUBRY, *rue Neuve-des-Petits-Champs, n. 18 et 20.*

1 — Portrait de M. B...., grande miniature.

2 — Un Dessin à l'estompe, étude d'après nature.

M. ATOCHE, *rue Godot-de-Mauroy, n. 20.*

3 — Paysage. Site composé aquarelle. (*Ce dessin appartient à Mme la comtesse Curial.*)

M. AUDRY, *clos St-Lazare, n. 3.*

4 — Vue du canal pris à la barrière de Pantin.

5 — Intérieur de cour.

6 — Un four à plâtre, à Montmartre.

M. AUGER (VICTOR), *rue de Grenelle-Saint-Germain, n. 33.*

7 — La mort d'un pauvre.

M. ANSIAUX, *rue Serpente, n. 16.*

8 — L'Amour et Psyché. L'Amour, au lever de l'aurore, jette un dernier regard aur Psyché avant de la quitter.

9 — Socrate et Alcibiade chez Aspasie.

10 — Alexandre donne sa maîtresse Campaspe à
Apelle.

11 — La France éclairée par la Sagesse, appuyée
par la Force nationale, présente à l'acceptation
du Lieutenant-Général du Royaume, le trône et
la charte de 1830. Le prince est accompagné de
ses deux fils, ils sont escortés par la Liberté qui
s'appuie sur la Justice et soutient la vérité. Le
Commerce, les Sciences, les Arts, accourent au
nom de Philippe. La Renommée va annoncer cette
nouvelle victoire de la Liberté à toute la terre.

M. ALLAIS (JEAN-ALEXANDRE), de la Société libre
des Beaux-Arts, *rue Notre-Dame-des-Champs.*

11 *bis.* — Phrosine et Mélidor, *d'après M. Rioult.*

> Mais sa Phrosine était évanouie,
> Trop de frayeur, de fatigue et d'efforts,
> Avaient, hélas ! épuisé ses ressorts,
> Quand son amant, par cent baisers de flamme,
> Rouvrit ses yeux, ressuscite son âme, etc.
>
> GENTIL-BERNARD.

(*La planche appartient à l'auteur.*)

M. BOURGERON, *rue Saint-Dominique, n.* 15.

12 — Une vengeance.   (*Vieille Chronique*).

M. BEZ (J.-J. DE), amateur.

13 — Vue d'après nature d'un intérieur de cour
de paysan, à Villenes, près Poissy.

M. BACCUET, *rue Saint-Georges, n. 28.*

14 — Vue générale de la rade de Navarin.

M. BASSAGET, *rue des Enfans-Rouges*, n. 2.

15 — Blessé de Juillet.

16 — La chaste Suzanne.

17 — Nuit du 29 au 30 Mars 1814.

Les Invalides brûlent les drapeaux conquis, préférant les sacrifier, à la douleur de les voir reprendre par les alliés. Un officier brise l'épée du Grand-Frédéric.

M. BOISSON (ADOLPHE), *quai Bourbon, île Saint-Louis, n.* 37.

18 — Le petit pont de la Cité.

19 — Les accords.

M. BONINGTON.

20 — Une marine, aquarelle. (*Cette aquarelle appartient à Mme Deslais.*)

M. BROCARD (LÉON), *rue des Saints-Pères, n.* 46.

21 — Un paysage, souvenir des Alpes.

22 — Deux bouquets (aquarelles).

M. BOULANGER.

23 — Étude de femme couchée.

M. BARRET, *montagne Sainte-Geneviève, n.* 83.

24 — Les crêpes, intérieur Bas-Breton.

25 — Etude de paysage faite en Bretagne.

M. JACQUES BARON, *rue du Faubourg-Poisson-nière, n.* 64.

26 — Vue prise d'après nature à Puerto-Rico, pendant l'hivernage. Amérique méridionale.

M. BESSA, *rue du Cherche-Midi, n. 26 bis.*

27 — Le cactus à grandes fleurs rouges (étude , aquarelle).

M. BRÉMOND, *rue du Cimetière-St.-André, n 9.*

28 — Vue de Paris, prise du port au blé.

M. BOULANGER, *rue du Dragon, n. 38.*

30 — Maria-Joseph, femme de brigand.

31 — Deux enfans jouant avec une chèvre dans le forum romain.

32 — La jolie fille de Perth.

33 — Henri Morton dans les Puritains d'Écosse. Sujet tiré de Walter Scoot.

34 — Deux intérieurs de St.-Benedetto, à Subiaco, à Rome.

35 — La mort de Henri II.

M. BOILLY père, *rue Mazarine, n. 11.*

36 — Scène de carnaval sur le boulevart.

37 — Trait de courage de **M.** Fontenay, maire de Rouen, qui apaisa par sa présence une sédition du peuple pendant l'année de la famine, durant la terreur.

38 — Lecture du journal, aux Tuileries.

39 — Le spectacle ambulant de Polichinelle.

40 — Le pied-de-bœuf.

M. BORDES, *rue Saint-Marc, n. 2.*

41 — Portraits au crayon de leurs Majestés le Roi

et la Reine des Français, pour être lithogra-
phiés.

On souscrit, pour ces portraits, chez l'auteur.

M. BARBOT, *rue Neuve-Saint-Augustin*, *n.* 41.

42 — Une vue de la Loire.

M. BAZIN, *rue Saint-Antoine*, *n.* 214.

43 — Portrait de M. Stanislas Kuratte, professeur
à l'université de Varsovie, maître des requêtes,
secrétaire du gouvernement national polonais,
en 1831.

44 — Portrait de M. Genoude.

M. BERGERET, *rue de Rivoli*, *n.* 18.

45 — Henri II et Diane de Poitiers.

46 — Daphnis et Chloé.

47 — Une attaque de brigands.

M. BARD, *rue Saint-Lazare*, *n.* 52.

48 — Sujet de nature morte.

49 — Parade dans une fête publique sous le di-
rectoire.

50 — Les adieux au bas d'un perron, costumes
sous Louis XIII.

51 — Scène comique tirée des comédies italiennes.

M. BAPTISTE (S.), *rue du Faubourg-Saint-
Martin*, *n.* 33.

53 — Le départ d'un petit Savoyard.

(10)

54 — Une femme frappant à une porte.

M. BROCARD (Léon), *rue des Saints-Pères, n. 46.*

55 — Un grand paysage, souvenir des Alpes.

56 — Deux bouquets (aquarelle).

BOUCHER (Auguste), *rue des Filles-du-Calvaire, n. 4.*

57 — Un garçon de ferme; étude.

M. BODIN, *rue Neuve-des-Poirées, n. 7.*

58 — Léopold, roi des Belges, au bivouac.

59 — Quatre dessins, même cadre.
    La petite patte de lapin.
    La part de l'absent gardée.
    Les enfans gâtés.
    L'empereur Napoléon rendant une visite à
        Mme la duchesse d'Orléans, douairière.
                (Aquarelles.)

M. BOURGERON.

60 — Trois figures, dessin original.

M. CHATILLON (Auguste de), *rue Cadet, n. 11.*

61 — Un petit Savoyard.

62 — Une maison de paysan, d'après nature.

M. COGNIET, *rue Grange-aux-Belles, n. 9.*

63 — Rébecca enlevée par le Templier; sujet tiré
d'Ivanhoë (aquarelle).

M. COLLIGNON, *rue de Cléry, n. 9.*

64 — Le coucher du soleil sur une plage de Bretagne.

65 — Vue de la ville du Cap-de-Bonne-Espérance par un effet de gros temps.

66 — Petit paysage.

M. CHARPENTIER, architecte, *rue Larochefoucauld.*

67 — Projet d'assainissement du quartier de la Cité, ayant en outre pour bien le développement d'immenses travaux sans dépenses pour l'administration municipale.

Ce projet se compose de la démolition et translation de l'Hôtel-Dieu. La construction d'un petit hôpital central et d'un archevêché, le rétréoissement du bras de rivière en plantation, des quais élargis; enfin du percement d'une large rue en face le portail Notre-Dame et aboutissant au quai des Orfèvres.

Nota. Un mémoire explicatif se vend au profit des pauvres.

M. CHERRIER, *rue Saint-Marc-Feydeau.*

68 — Un cadre de vignettes sur bois, d'après les dessins de MM. Tony Johannot, Henry Monnier, Gavarni, Grandville, Eugène Forest, etc.

M. CASATI, *rue des Petites-Écuries, n. 38.*

69 — Le passager d'Honfleur.

70 — Un effet de soleil, marée basse *(appartenant à M. Bourdier, professeur de dessin, à Versailles).*

71 — La côte de Fronville, près d'Honfleur *(appartenant à M. Bourdier, professeur de dessin, à Versailles)*.

Mlle COUTANCE, *rue des Bernardins , n. 17*.

72 — Un bouquet de fleurs (aquarelle).

M. CANNISSIÉ, *passage Saulnier, n. 23*.

73 — Vue intérieure de la basilique de Monréale.

74 — Détails du même intérieur (aquarelle).

M. DE CYPIERRE, amateur.

75 — Vue prise à Interlaken , sur le lac de Brientz.

M. CHAMPIN.

76 — La fontaine de Vaucluse. *(Ce dessin appartient à M. Tessier.)*

M. CHARLET.

77 — La contemplation des misères humaines. *(Ce dessin appartient à M. Tessier.)*

M. CANELLA, *rue Coquenard, n. 25*.

78 — Vue du boulevart des Italiens , prise au au coin de la rue de Choiseul. Effet de nuit.

79 — Paysage , effet de soleil couchant après un orage, vue prise dans la forêt d'Aranjuez, en Espagne.

80 — Paysage, site pris en Picardie. Effet de soleil levant.

M. CHAVARRI, *rue du Sentier, n. 26.*

81 — La mort de Cléopâtre (miniature).

82 — Portrait (miniature).

Mme COLLIN, *au palais Bourbon.*

83 — Scène tirée d'Édouard, par madame la du-
chesse de Duras.

Au moment où madame de Nevers laisse voir à Édouard
la passion qu'elle a pour lui, Édouard qui l'adore depuis
long-temps, heureux de cet aveu, est au comble du mal-
heur par l'impossibilité de leur union.

M. CUNY (Léon), *rue Furstemberg, n. 8 ter.*

84 — Un enfant prodigue.

85 — Une vieille femme romaine tirant les cartes.

86 — Un brigand blessé.

87 — Scène de piferares.

88 — Une danse italienne.

89 — Une famille malheureuse.

M. CABAT (Louis), *rue Montorgueil, n. 25.*

90 — Le moulin de Dompierre, en Picardie.

M CANON, *boulevart Saint-Martin, n. 9.*

91 — Vue prise dans les Pyrénées près du pic du
midi de Pau (étude).

M. CHAZAL, *rue de l'Ouest, n. 20.*

92 — Aigle destructeur de l'Amérique méridionale,
étude à l'aquarelle, moitié de grandeur natu-
relle.

93 — Un groupe de fleurs dans un paysage. (*Ce fixé appartient à M. D'Augustin.*)

M. CAUNNOIS, *rue du Four-St-Germain, n.* 37.

94 — La France présentant au roi Charles X l'adresse des 221 , le 16 mars 1830 ; médaillon en bronze.

95 — Talma ; médaillon en bronze, d'après nature.

96 — La transfiguration , d'après Raphaël ; bas-relief en bronze.

Mme CABANNE (PAULINE) , née Garnerey , *rue Neuve-des-Mathurins. , n.* 24.

97 — Vue intérieure de la galerie de la Malmaison, commencée en 1812, par feu Auguste Garnerey, terminée récemment par sa sœur.

M. COEDES, *rue Neuve-Coquenard, n.* 11.

98 — Plusieurs portraits, même numéro.

M. COUDER, *rue Breda, près celle des Martyrs.*

99 — Le serment du Roi à la Chambre des députés.

M. CAMINADE (A.), *rue de Lille , n.* 34.

100 — Un enfant endormi sur les genoux de sa mère.

M. CANELLA, *rue Coquenard, n.* 24.

101 — Vue de la rue Saint-Honoré ; tableau exécuté d'après une étude exposée au dernier salon.

M. CANON, *boulevart Saint-Martin*, n. 9.

102 — Portrait de madame R. D. en costume de paysanne d'Issigny, Normandie.

103 — Vue de Cherbourg, prise de la montagne du Roule (étude).

104 — Vue du bas de l'escalier du château de Pau, intérieur.

105 — Un philosophe écrivant sur l'astronomie (étude).

M. CARPENTIER, *rue de Lancry*, n. 10.

106 — Episode du 29 Juillet 1830.

Des hommes du peuple vident les gibernes des soldats tombés sous leurs coups, il en sort de l'argent et en même temps des cartouches. Ces braves saisissent les cartouches et repoussent avec le pied les pièces d'argent jusque dans le ruisseau.

107 — Adam et Ève, dernière composition de David. (*Ce dessin appartient à M. Carpentier.*)

108 — Convoi du général Foy.

Des citoyens déposent des lauriers sur le cercueil, à son passage sur le boulevart du Temple.

M. CAMILLE-FONTALLARD, *rue Saint-Lazare*, n. 21.

109 — Chaumière ardennoise (pastel).

110 — Petit berger ardennois (esquisse à l'huile).

M. CHEVALIER, chimiste, membre de la commission centrale de salubrité, *quai Saint-Michel*, n. 25.

111 — Deux dessins sur marbre, provenant d'essais

sur l'emploi du marbre pour remplacer dans quelques cas les pierres lithographiques.

112 — Deux lithographies tirées à l'aide de ces marbres.

113 — Une lithographie imprimée en couleur, à plusieurs pierres, puis retouchée à l'huile et vernie.

Ces trois sujets proviennent d'un travail qui a valu à l'auteur la médaille d'or de première classe de la Société d'encouragement, et qui lui fut décernée conjointement avec M. Langlumé.

M. CRÉPIN, *rue Chilpéric, près le Louvre, n. 8.*

114—Combat de Navarin au moment où la frégate turco-égyptienne l'*Isannia* brûle et saute près de l'amiral de la frégate française (esquisse).

115 — L'escadre française, commandée par l'amiral Duperré, coopérant, par mer, à la prise d'Alger.

116 — Un homme du vaisseau français l'*Algésiras* tombe à la mer, douze autres se jettent dans un canot pour le sauver.

116 *bis.*—Le vaisseau le *Redoutable* donne le combat de Trafalgar.

117—Feu le lieutenant-général **Pécheux**, parent de l'auteur.

M. CAPLIN, peintre et graveur en topographie, *rue de Grenelle, n. 5, à Vaugirard.*

118 — Vue topographique du golfe de Naples.

Tableau peint à l'huile et sur toile, imitation du relief

de la terre, le spectateur étant supposé parcourir en ballon l'espace représenté, et passer successivement au-dessus des points culminans des montagnes.

— Gravure des Vanikoro ou de La Pérouse.

C'est au milieu de la baie Manevai, sur les récifs de la partie est de l'île de la Recherche, que se trouve le mausolée élevé à l'illustre La Pérouse, ce monument a été érigé par l'équipage de la frégate l'*Astrolabe*, commandée par M. Dumont-Durville.

Dessin à la sépia, d'après l'étude de reconnaissance en pays de grandes montagnes, faites en lignes équidistantes au dépôt général de la guerre. Dans ce dessin, on n'a fait qu'ajouter l'effet aux contours déterminés par les lignes de stratifications.

M. DEGEORGES, *rue Meslay*, *n*. 22.

119 — La flagellation du Christ.

120—Nephtalie retrouvant son frère Éliézer qu'il croyait mort depuis cinq ans.

M. DEVÉRIA (Eugène).

121 — Une scène indienne. (*Ce tableau appartient à madame Deslais.*)

M. DÉSORAS, *rue des Quinze-Vingts*, *n*. 1.

122 — Portrait d'une dame espagnole.

122 *bis*. — Portrait.

123 — Portrait de M. Savrin, devenu artiste dramatique.

M. DEBACQ (A.), *rue de l'Université*, *n*. 113.

124 — Le billet.

1*

M. DEMAHIS, *rue des Filles du Calvaire*, *n*. 6.

128 — L'attention, (*tête d'étude d'un vieillard et d'une jeune fille.*)

M. DELANOE, *rue Vaugirard*, *n*. 52 bis.

125 — Portrait.

M. DREUILLE, *rue Montorgueil*, *n*. 33.

126 — Louis-Philippe faisant briser la cage de fer du mont Saint - Michel, où Louis XIV avait tenu enfermé un écrivain pendant dix - sept ans.

Dans un voyage que le prince, alors duc de Chartres, fit en Normandie avec ses deux frères, madame Adélaïde, sa sœur, et madame de Genlis, en visitant le mont Saint-Michel, il désira voir briser cette cage. Pendant l'opération, que le prince commença de ses mains, le concierge du château manifesta le chagrin qu'il éprouvait, parce que cela lui rapportait quelque argent de la part des voyageurs qui la visitait : Hé bien, dit le prince, en lui donnant dix louis, désormais tu montreras la place que cette cage occupait, et cette vue sera certainement plus agréable.

127 — Une victime du choléra.

128 — Les trois âges.

M. DUBOULOZ, *rue de la Paix*, *n*. 19.

129 — Sully, encore écolier, échappe au massacre de la Saint - Barthélemy, à l'aide d'un missel.

Je fus saisi d'horreur en entrant dans la rue, de voir ces furieux qui couraient de toutes parts et enfonçaient les maisons en criant : Tue, tue, massacrons les huguenots.... Je tombai au milieu d'un corps de gardes qui m'arrêta ; je fus questionné ; on commençait à me maltraiter, lorsque le livre que je portais fut aperçu, heureusement pour, moi, et me servit de passeport.

(Extrait des mémoires de Sully.)

M. DUPLAT, *rue de la Harpe*, *n.* 88.

130 — Deux paysages à la mine de plomb. Cours de la Sèvre à Niort, et vue de Clisson. (Vendée).

M. DARCHE, *faubourg Saint-Denis n.* 99.

131 — Vue extérieure de Saint - Nicolas – des– Champs.

132 — Vue de Saint-Laurent, gouache.

133 — Etudes de mâsures.

Mme DEBAY, *rue Cléry, n.* 42.

134 — La consultation.

134 *bis*. — La fausse nouvelle; sujet tiré de *Tom-Jones*.

M. DESMOULIN.

134 *ter*. — Paysage historique.

M. DEMAHIS.

135 — Deux têtes d'étude.

M. DÉLIONS, à Melun.

136 — Des militaires demandant leur chemin à des paysans.

M. DEGEORGE (T.)

137 — Une flagellation du Christ.

138 — Éliézer et Nephtaly.

Nephtaly, après un espace de cinq ans, retrouve son frère Éliézer qu'il croyait mort; mais il le retrouve fort malade et près d'expirer. Rachel, épouse de Nephtaly, et leur fils le jeune Éliézer, sont présens à cette scène à la fois touchante et douloureuse.

(Tiré du poëme de Florian.)

M. DIAZ (N.), *rue de la Borne, n. 14.*

140 — Les mauvais garçons.

Bande, en partie composée de gentils-hommes, qui dévastaient et incendiaient les châteaux sous François Ier, prennent la fuite à l'approche des gens du roi.

(Ce tableau appartient à M. Armengaud.)

M. DELACROIX (Eugène).

141 — Une femme caressant un perroquet.

142 — Étude de femme couchée.

143 — Une Léda.

144 — Charles VI et Odetto.

145 — Un jeune seigneur montre à son courtisan le corps de sa maîtresse. (*Ces tableaux appartiennent à M. Leblond.*)

DUBOULOZ, *rue de la Paix, n. 19.*

146 — Un cadre renfermant quatre esquisses :
    L'orage.
    L'agonie.
    La sortie du bal.
    La sortie de la messe.

147 — Déjeûner de Louis XI avec le comte de Crève-Cœur et le cardinal Labatre.

148 — Louis XI à l'auberge , sous le nom de Maître-Frère.

Sujet tiré de Quentin-Durward. (*Walter-Scott.*)

M. DELAYE, *rue du Faubourg-Saint-Denis*, n. 56.

149 — Vue de la route de Nanteuil.

M. DESPOIS, *rue du Colombier, n.* 13.

150 — L'attention.

M. DEVÉRIA (E.).

151 — Deux baigneuses et des amours. (*Sépia d'après Prudhon.*)

M. DUBOIS (Etienne), *rue Louis-le-Grand ,* n. 35.

152 — Jeunes fille de Nettuno sortant de l'église (*environs de Rome*).

153 — Tête de jeune fille italienne.

154 — Jeunes paysans des environs de Rome.

Après avoir blessé mortellement un de leur camarade , en combattant avec des pierres, ils fuient épouvantés.

M. DUBOIS (François), *rue Louis-le-Grand ,* n. 35.

155 — Un jeune chévrier napolitain portant le nouveau-né d'une chèvre.

DUCORNET (César), né sans bras, dessine et peint avec ses pieds; *rue de Lille,* n. 11, *faubourg Saint-Germain.*

156 — Le rendez-vous.

157 — Le brigand napolitain.

158 — Etude demi-figure d'après nature.

M. DUVAL LE CAMUS, *rue du Coq*, *n.* 7.

159 — Plusieurs portraits, même numéro.

M. DAVID.

160 — Le pape Pie VII, accompagné du cardinal Caprara, est dans l'attitude de donner la bénédiction.

DEMARNE.

161 — L'enlèvement du fuseau, scène villageoise.

162 — La blessure au talon, scène pastorale.

M. DULAC, *rue du Four Saint-Germain*, *n,* 44, ou *rue Bergère*, *n.* 17.

163 — *Contentement passe richesse*, sujet tiré d'une chanson de Béranger intitulée la Fortune.

164 — Tombeau *des braves inhumés au Louvre.* Un invalide aveugle se fait conduire par un enfant pour y déposer son offrande.

165 — Un prisonnier limant ses fers.

M. DUSEIGNEUR, *rue de l'Ouest*, *n.* 16.

166 — Buste de M. Victor Hugo.

167 — Une camaraderie (sculpture).

(23)

Mme DABOS.

168 — Le feu prend au lit d'un enfant par l'imprudence d'une bonne qui s'endort. Le chien cherche à la réveiller.

M. DABOS, *rue Meslay*, *n.* 58.

169 — L'intérieur d'un cloître en démolition, près Morfontaine, peint d'après nature, l'an 1800.

170 — Une marchande de curiosités de la ville de Berne.

171 — Une servante récurant un chaudron.

M. DESSAIN (EMILE), *rue Pétrelle, n.* 8, *faub. Poissonnière.*

172 — Un combat de taureaux.

173 — Groupe d'animaux, peint d'après nature. Normandie.

174 — Scène de Montfaucon.

M. DARONDEAU, *rue de Paradis—Poissonnière, n.* 6.

175 — Un suicide.

176 — Sujet tiré des aventures de Nigel.

177 — Les adieux.

M. DANTAN JEUNE, *rue Saint—Lazare*, *n.* 31.

178 — Petit portrait en pied de M. J.-G. Schickler.

179 — Petit buste de M. Schickler.

180 — *Id.* de M. B.

181 — *Id.* de M. Lallemand, professeur à la Faculté de médecine de Montpellier.

182 — Petit buste de M. Casimir Delavigne.

183 — *Id.* de M. Victor Hugo (sculpture).

Mlle DUPRAT (SOPHIE), *cloître Saint-Benoît, n. 7.*

184 — Portrait de M. S........

185 — Portrait de Mlle. D.....

M. DURUPT, *rue de l'Abbaye, n. 3.*

186 — La tête du député Ferraud présentée à Boissy-d'Anglas.

Après avoir brisé les portes, les séditieux se précipitent dans la salle de la Convention nationale en criant : *Du pain et la constitution de 93!* Voulant aller au secours du président qui était assailli par ces furieux, le député Ferraud est atteint d'un coup de pistolet, il tombe au bas de la tribune ; alors, hommes, femmes, se jettent sur lui, l'accablent d'injures et de coups, puis, le traînant hors de la salle, ils lui coupent la tête qu'ils mettent au bout d'une pique, et viennent ensuite la présenter au président Boissy-d'Anglas, en le menaçant d'un pareil traitement !... Pour toute réponse il salue cette tête avec respect. Son air calme, sa fermeté, imposèrent à cette multitude.

(*Moniteur,* 1er *prairial, an III* ; 20 *mai,* 1795.)

186 *bis.* — Manfred.

Manfred. Un moment, avant de nous séparer, je voudrais vous voir face à face. J'entends vos voix, dont la douceur mélancolique ressemble à des accords mélodieux sur les ondes ; j'aperçois l'immobile clarté d'une grande étoile ; mais rien de plus. Paraissez devant moi, tels que vous êtes, l'un après l'autre ou tous ensemble ; mais dans votre forme accoutumée.

L'Esprit. Nous n'avons d'autre forme que celle des élémens dont nous sommes l'âme et le principe ; mais désigne-nous la forme que tu voudras, ce sera celle que nous adopterons.

Manfred. Peu importe la forme ; il n'en est point sur la terre qui soit belle ou hideuse pour moi. Que celui d'entre vous qui est doué de plus de puissance prenne l'aspect qui lui conviendra : je l'attends.

7e *Esprit apparaissant sous les traits d'une belle femme.* Regarde-moi, etc., etc.

(*Lord-Byron*).

M. EGGER (Ida), *rue des Saints-Pères*, n. 26.

187 — Deux bouquets (aquarelles).

188 — Deux bouquets de fleurs, même numéro.

M. FORBIN (Le Comte de).

189 — Gonsalve de Cordoue s'empare, en 1492, sous le règne de Ferdinand et d'Isabelle, de l'Alhambra de Grenade, palais des rois Maures.

La ville de Grenade brûle, à la suite d'un long siège et d'un assaut meurtrier. Gonsalve a forcé, au milieu de la nuit, les portes du palais de l'Alhambra, il oblige le vieux Boaddil, dernier roi de Grenade, à s'incliner devant la croix, qui est portée par le grand-maître de l'ordre de Calatrava, suivis de ses religieux chevaliers. Un jeune écuyer de Gonsalve dépose aux pieds du crucifix les enseignes conquises sur les Maures. Le premier eunuque de Boaddil n'a pas quitté son maître. Un page de Gonsalve porte sa lance, son bouclier, et précède les hommes d'armes. Sur le devant du tableau, Moraïm prodigue ses soins au jeune Almanzor, qui expire après avoir combattu avec intrépidité. Les débris d'armures des costumes sarrazins prouvent que la victoire a été long-temps disputée jusque dans le palais. On aperçoit au troisième plan, la fontaine des Lions, célèbre dans l'histoire de Grenade, et une portion des jets d'eau, qui rafraîchissaient le délicieux jardin du généralif, la mer termine l'horizon.

M. FORT (Siméon).

190 — La lisière d'un bois, aquarelle. (*Apparte-nant à M. le baron de Lamerdelle.*)

191 — La gorge au loup, forêt de Fontainebleau.
(Sépia.)

M. FRANQUELIN, *rue Furstemberg, faubourg Saiut-Germain, n. 6.*

192 — La jeune fille au rendez-vous. (*Ce tableau appartient à M. Souty.*)

193 — La poste nouvelle. (*Ce tableau appartient à M. Souty.*)

FIELDING (Copley).

194 — Une vue de Sicile.

FIELDING (Newton).

195 — Un cerf dans une forêt.

196 — Plage marécageuse.

M. FORTIN, *palais de l'Institut.*

197 — Le départ de Bellone pour la guerre.

198 — Un vieillard et une jeune fille.

FONTALLARD (Camille), *rue Saint-Lazare, n. 21.*

199 — L'offrande du pauvre à la Vierge (grande aquarelle).

200 — Une victime du cholera (aquarelle)

201 — Petit sujet à l'aquarelle.

M. FRATIN, *rue de Grenelle St-Germain, n. 39.*

202 — Levrier après le forcé (sculpture).

M. GIVOUST (Constant) de Versailles, *cour Batave, n.* 18.

203 — Etude de vieillards.

204 — Portrait d'homme.

205 — Portrait d'enfant.

GIRODET.

206 — Départ d'Adonis pour la chasse.

207 — Vénus vient demander à Vulcain des armes pour son fils. (*Enéïde.*)

(*Ces dessins appartiennent à M. de Croisemare.*)

GARNEREY (F.-J.), *rue Neuve-des-Mathurins, n.* 24.

208 — Portrait, en pied, de S. M. Louis-Philippe.

209 — Divers objets de curiosité, tirés du cabinet de M. Dusomerard.

210 — Tableau de fleurs.

211 — Sujet tiré de Vert-Vert.

212 — Sujets tirés du Lutrain.

213 — Baptême dans l'église d'Auteuil.

214 — Portrait de feu le chevalier de Parny.

215 — Portrait de M. Bis, auteur.

M. GARNEREY (Hippolyte), *rue du Faubourg Saint-Denis, n.* 49.

216 — Vieille maison ; vue prise en Normandie (aquarelle).

GÉRICAULT.

217 — Tableau de nature morte, d'après Wenix.
(*Ce tableau appartient à M. Deslais.*)

M. GIROUX (A.), *rue d'Enfer, n.* 40,

218 — Vue prise à Casapola, dans la Sabine.

219 — Intérieur d'un bois (aquarelle).

220 — Plusieurs dessins faits en Angleterre.

Mlle GOBLAIN (Batilde), *quai Saint-Michel,*
n. 7.

221 — Le petit dénicheur d'oiseaux.

Mlle GOBLAIN (Émélie), *quai Saint-Michel, n.* 7.

222 — Les Alsaciennes.

M. GÉRARD-FONTALLARD (H.), *rue Taranne,*
n. 3.

223 — Le pélerin des Ardennes.

224 — Deux portraits en pied (aquarelle).

225 — Costumes ardennais (aquarelle).

M. GÉLIBERT (P.), *rue Bertin-Poirée, n.* 16.

226 — Paysage d'après nature, dans la vallée
d'Ossau, Basses-Pyrénées.

227 — Autre paysage, même pays.

M. GOBLAIN (Louis), *quai Saint-Michel, n.* 7.

228 — Intérieur de la cathédrale de Chartres.

229 — La ferme de Varatre, près de Corbeil.

229 *bis* — Napoléon à Charleroi (aquarelle).

M. le Baron GROS.

230 — Portrait du général comte de Lariboissière et de son fils sur le champ de bataille de la Moskowa.

Les Russes font un dernier effort pour reprendre la grand' route que les Français viennent d'enlever ; les trompettes sonnent ; notre cavalerie va charger les masses ; le jeune Lariboissière dit un dernier adieu à son père, et court chercher la mort du brave ; un triste pressentiment oppresse le général. Quelques heures après, son fils expirait dans ses bras ; lui-même, accablé de chagrins, ne tarda pas à être une des victimes de cette terrible campagne.

231 — Portrait peint en 1814.

M. GRANET.

232 — Le peintre Sodoma, réduit à la misère, est obligé d'accepter l'asile qu'on lui offre à la Charité. Deux porteurs viennent le chercher. (*Ce tableau appartient à M. Mainnemare.*)

M. GRILLE-DE-BAUZELIN, *faubourg Poissonnière, n. 1.*

233 — Trois croquis de Saint-Germain-l'Auxerrois.

M. GORBITZ, *rue de l'Université, n. 84.*

234 — Vue de la jetée du Hâvre, et du village de Saint-Adresse.

235. — Vue prise dans la vallée de Gourmay.

M. GRANJEAN, *rue l'Évêque, n.* 15.

236 — Vue des environs de Fontainebleau.

237 — Vue prise en Suisse, canton de Berne.

M. GOURDET, *rue du Faubourg-Saint-Martin, n.* 61.

238 — Sortie d'une veillée.

239 — Un intérieur.

240 — Un intérieur.

243 — Un maréchal ferrant (étude).

M. GOYET (JEAN-BAPTISTE), *rue de l'Abbaye, n.* 3.

246 — Marie-Louise d'Orléans, reine d'Espagne, et Luc Giordano.

La reine se plaisait à voir peindre Luc Giordano. Un jour, cette princesse lui manifesta le désir de connaître sa femme. L'artiste en fit à l'instant le portrait dans le tableau qu'il avait devant lui sans en prévenir la reine, qui, aussi surprise qu'enchantée, détacha son collier de perles, et le lui donna pour son épouse.

247 — La reine de Suède et Le Guerchin.

Cette illustre princesse, qui avait autant d'amour que de vénération pour les grands talens, visitant Le Guerchin, lui dit : « Je veux toucher une main qui opère des merveilles. »

248 — Une jeune fille vendue par un pirate.

M. GOYET (Eugène), *rue de l'Abbaye, n. 3.*

249 — L'attente.

Mlle HUBERT, *rue du Faubourg-Saint-Jacques,*
n. 27.

250 — Le petit marchand et les voleurs.

251 — L'âne chargé de reliques.

(Lithographies.)

M. HEIM.

252 — La résurrection d'un saint, miracle de
Notre-Dame-de-Lorrette. (*Cette esquisse appar-*
tient à M. Rey.)

M. HERMESSANT, *rue Bourg-l'Abbé, n. 10.*

253 — Une tête de Didon en émail.

M. JACOBBER, *à la manufacture royale de*
Sèvres.

254 — Des fleurs et des fruits.

M. JAUVIN, *rue de la Paix, n. 19.*

255 — Schevinnengen (Hollande).

256 — Environs de Bades (grand duché de Bade).

257 — Le canal (Pays-Bas).

258 — Le moulin (esquisse).

M. JOUSSELIN (Michel), *rue de Lille, n. 17.*

259 — Vue de l'étang de Ville-d'Avray, route

de Paris à Versailles, et prise à gauche de la route.

260 — Vue prise dans le chemin dit *de Mesdames*, à Vichy-les-Bains.

Mlle JOURNET.

261 — Portrait d'homme.

262. — Portrait d'homme.

M. KELLIN, *rue du Helder, n. 11.*

263 — Chemin près Ermenonville (aquarelle).

264 — Saint-Denis, *id.*

265 — La tour, *id.*

266 — Notre-Dame, *id.*

M. LAVAUDAN.

267 — La descente de la diligence.

268 — Le marchand mercier ambulant.

(*Ces deux tableaux appartiennent à madame Boursault.*)

M. LEMOINE BENOIT, *rue du Four-Saint-Germain, n. 68.*

269 — Scène de l'armée d'Afrique (*aquarelle*).

M. LAURENT, *rue de l'Echiquier, n. 34.*

270 — Fleurs et fruits, peinture sur porcelaine.

271 — La Druide, d'après M. Horace Vernet, porcelaine.

272 — La Folle par amour, d'après le même.

273 — Copie de la maîtresse du Titien.

M. LÉONARD, *rue des Fossés Saint-Germain-l'Auxerrois*, *n.* 14.

274 — Africain assis sur le bord d'un lac.

275 — Jeune fille dessinant une fleur.

276 — Vue d'une ancienne partie de l'abbaye de Montmartre.

277 — Deux études d'après nature, prises près le petit Senlis, vallée de Dampierre. (Seine-et-Oise.)

M. LÉPAULE.

278 — Étude d'après nature, appartenant à M. C***.

279 — Portrait de M. le comte C. D.

280 — Etude d'après nature à Grosbois, chez le prince de Wagram.

281 — Vue de la tour de Maurepas, près de Poutchartrain. (*Ce tableau appartient à M. A. Larcher.*)

282 — Jupiter et Léda.

M. LAGARIQUE, de Tarbes.

283 — Un marché, à Tarbes (Hautes-Pyrénées).

M. LATIL, *quai de la Cité*, *n.* 23.

284 — Une jeune fille payant pour obtenir les indulgences.

M. LAVAUDEN, *rue de l'Arbre-Sec*, *n.* 46.

285 — Un portrait d'homme.

Mlle. LEGRAND DE SAINT-AUBIN, *rue Copeau*, *n.* 21.

286 — Marino Faliero. (Tragédie de **M.** Casimir-Delavigne, acte **V**, scène **IV**.)

ELÉNA.

O ciel ! c'est mon arrêt qu'à vos genoux j'attends.
Celle que vous voyez à vos pieds abattue,
Elle a causé vos maux, c'est elle qui vous tue,
Et vous lui pardonnez !

FALIERO.

Qui ? moi ? Je ne sais rien.

Mme LOUIS, *rue de l'Éperon*, *n.* 9.

287 — **D**eux cadres de fleurs en cire, sous le même numéro.

M. LEPRINCE (GUSTAVE), *rue de Bellefond*, *n.* 14.

288 — Paysage avec figures, effet du matin.

M. LEPRINCE (LÉOPOLD), *rue de Bellefond*, *n.* 14.

289 — La rentrée à la ferme.

M. MAILLOT, *rue Childebert*, *n.* 1.

290 — Vue du salon et de l'entrée de la grande galerie du Musée royal, présentant l'exposition d'un tableau de chaque maître (dont les noms suivent) qui ont le plus illustré l'école française depuis le 14e siècle.

Jean Cousin, Simon Wouët, Lesueur, Poussin, Lebrun, Delahire, Claude Lorrain, Rigaud, Desportes, Oudry, Largillière, Valentin, Watteau, Mignard, Petitot, Bourdon, Coypel, Santerre, Delafosse, Clouët Parrocel, Jouvenet, C. Van-Loo, Le Nain, Batiste, Jos. Vernet, Drouais, Greuse, Denis, Droling, Cochereau, Demarne, Pagnetz, Vien, Prud'hon, Girodet, Géricault, David, Taunay, Le Prince, Regnault, etc.

M. MALLET.

291 — Espiéglerie d'une mère allaitant son enfant. (*Ce dessin appartient à Mlle Caroline Paillet.*)

M. MALAPEAU, *rue de Seine-Saint-Germain, n. 42.*

292 — Vue d'une ancienne digue aux Andelys (Seine-Inférieure).

M. MALENFANT, *rue Bourbon-Villeneuve, n. 54.*

293 — Un bivouac de la garde nationale.

M. MARCHAIS, *château d'Arcueil, près la grille de l'Observatoire, quartier du Luxembourg.*

294 — Vue de Montmorency.

295 — Vue de Suisse, prise dans le canton de Soleure.

En voyant une rose entraînée par le torrent, une bergère semble réfléchir sur le peu de durée de la beauté.

296 — Vue d'une forêt.

M MOENCH, *ruc des Filles-du-Calvaire*, *n.* 21.

297 — Deux paysages.

M. MARQUIS, *rue de Vaugirard*, *n.* 75.

298 — La dégradation de Louis Ier, dit le Débonnaire.

M. MOUCHY, *rue de Seine-Saint-Germain*, *n.* 23.

299 — La mort de saint Pacôme, fondateur des ordres religieux.

M. MOYA, *rue des Martyrs*, *n.* 27.

300 — Vue intérieure de l'Oratoire des religieuses de Mormante aux environs de Milan, en Italie.

Mlle MUIDED, *rue Bleue*, *n.* 34.

301 — Paysage sur porcelaine.

M. NANTEUIL, *rue Férou*, *n.* 17.

302 — Des pauvres.

NICOLLE.

303 — Vue d'une porte de Rome. (*Ce dessin appartient à Mlle Caroline Paillet.*)

M. LÉON NOEL.

304 — La femme hydropique, d'après Gérard Dow. (*Cette lithographie fait partie du Muséum,*

collection de tableaux de toutes les écoles , pu-
bliée par MM. François et Louis Janet.)

M. OUVRIE (Justin), *rue du Faubourg-Saint-
Martin, n. 90.*

305 — Vue prise à Saint-Chamant (Auvergne).

306 — Vue prise à Landernau (Bretagne).

307 — Vue du village et de la vallée du Mont-
d'Or. (*Cette aquarelle appartient à M. le prince
d'Esling.*)

308 — Un cadre contenant plusieurs aquarelles.

Mlle PERSENET (Esther), *rue du Parc-Royal,
n. 8, au Marais.*

309 — Portrait de M. Bourguignon, imitateur de
pierres précieuses.

Il est dans son laboratoire.

310 — Leçon de chant, intérieur.

Mlle PENAVERT (Henriette), *rue du Faubourg-
Saint-Denis, n. 111.*

311 — La courtisanne, dessin à l'estompe, d'après
M. Sigallon.

312 — La petite orpheline.

M. PLANSON, *rue des Boucheries-St-Germain,
n. 56.*

313 — Une vue de Neuilly.

314 — Une vue de la Bièvre.

M. PAU DE SAINT-MARTIN.

315 — Vue d'une partie du lac de Thun, près d'Unterseen (Suisse).

316 — Entrée du village de Bonneville (Savoie).

317 — Vue prise à Visille (Dauphiné).

318 — Vieille tour près d'Unterseen. (Fixé.)

319 — Vallée de l'Auterbrounn. (Fixé.)

M. PETIT, *rue de Seine Saint-Germain, n.* 16.

320 — Vue du phare de Honfleur.

Marine par un gros temps. Des artistes s'étant laissés surprendre par la mer, sont sauvés par une barque que le hasard conduit à leur secours.

321 — Une baraque de pêcheurs sur la route d'Honfleur.

Effet de brouillard au matin.

M. PARADER (C.-G.).

322 — Tableau de fruits.

M. PERIGNON (A.-N.), *rue Bergère, n.* 7 *bis.*

323 — Le général Montross, avant la bataille d'Yorck.

324 — Une tête d'étude.

Mlle PFENNINGER, *rue Grétry, n.* 5.

325 —Copie d'après Mme Haudebourt (aquarelle).

326 — Plusieurs copies en miniature. Même numéro.

(39)

Mlle PITET, *rue des Boucheries.*

327 — Un bouquet de fleurs (aquarelle).

M. PIGALLE, *rue du Faubourg-Montmartre, n.* 17.

328 — Un buste du Roi, fait dans des séances par-
ticulières données par Sa Majesté (sculpture).

329 — Une petite statue en bronze de Montaigne,
faisant partie de la collection des grands hommes
de France (sculpture).

M. POITTEVIN (Eug.), *rue Hauteville, n.* 33.

330 — Promenade en bateau sur la pièce d'eau des
Suisses, à Versailles.

331 — Une vue de Normandie.

332 — Vue de Mantes.

333 — La lecture.

334 — Promenade sur la terrasse de l'Orangerie
de Versailles.

335 — Vue des cent marches, prise au bord de la
pièce d'eau des Suisses.

M. PINCHON, *rue des Deux-Portes-Saint-Sauveur,*
n. 28.

336 — Le joueur de vielle.

337 — La marchande de gâteaux de Nanterre.

M. PETIT (Jules), *quai des Augustins, n.* 7.

338 — Louis XIII et Mlle Lafayette.

M. POULET, *rue Saint-Nicolas-d'Antin*, n. 79.

359 — Étude d'après nature, prise au pont Marie.

Mme POURMARIN, *rue Saint-Jacques*, n. 121.

340 — Le marchand de marrons.

M. PHILIPPE, *rue de Belleford*, n. 23.

341 — Vue de Boulogne-sur-Mer, soleil couchant.

342 — Souvenir d'Auvergne, soleil couchant.

M. QUINIER (Louis), *rue de Ménil-Montant,*
n. 34.

343 — OEdipe.

Phorbas, berger de Polybe, roi de Corinthe, conduisit
son troupeau dans ce lieu ; il courut aux cris de cet enfant ;
il le détacha, et l'emporta. La reine de Corinthe voulut le
voir, et comme elle n'avait point d'enfant, elle regarda
celui-ci comme un présent du ciel.

M. RAMELET.

344 — L'intérieur d'une cour (aquarelle).

345 — Une vue au bord de la mer, aquarelle
(*appartenant à M. Guérin*).

M. RÉMY, *vieille rue du Temple*, n. 138.

346 — Une étude de paysage.

M. RICHARD, *rue Saint-Denis*, n. 368.

347 — Un bouquet de fleurs sur porcelaine (copie d'après Van-Pol.)

Mlle ROBERT (Fanny), *rue de l'Université,*
n. 113.

348 — Portrait (dessin).

349 — Plutarque admirant la belle Laure.

M. RANCH, *rue de Cléry*, *n.* 34.

352 — Vue de la route d'Antibes.

M. ROMAGNESI, *rue de la Lune*, *n.* 26.

353 — Une vue de la tour de Belem, sur le Tage, près de Lisbonne.

354 — Une vue d'Alger, effet de lune.

355 — Un cadre de dessins divers.

356 — Cathédrale de Palerme, dessin sur pierre.

M. ROUX, *place des Trois-Maris*, *n.* 2.

357 — Frégate du Roi, l'*Artémise*, commandée par le Capitaine de vaisseau La Treyte, ayant à bord S. A. R. Monseigneur le Prince De Joinville comme élève de seconde classe (dessin).

358 — Vue de la jetée de N.-O. du Hâvre, soleil couchant.

M. RABOIN, *rue Saint-Denis*, *n.* 391.

359 — Madame S*** dans son atelier.

360 — Portrait du fils de l'auteur.

361 — Deux cadres contenant quatre dessins, vues prises au Raincy.

M. RICOIS, *quai Voltaire*, *n.* 3 bis.

362 — Vue prise dans la forêt de Compiègne.

363 — Fabrique sur les bords du Rhône, prise de Lyon.

2*

364 — Vue de Saint-Laurent-du-Pont, route de la Grande-Chartreuse.

MM. RITTNER et GOUPIL, *boulevart Montmartre, n. 12*

365 — Un panorama de Paris, pris du pavillon de Flore, Tuileries, dessiné par Smith et gravé par Salathie.

366 — Panorama de Paris pris des hauteurs de Montmartre, dessiné par Smith, et gravé par Hurlemann.

M. ROEHN (A.-D.), *rue de Grenelle Saint-Germain, n. 5g.*

367 — Jeune garçon près d'un âne, étude d'après nature.

Mlle ROBERT (Fanny), *rue de l'Université, n. 113.*

368 — Laure sur les bords de la Sorgue.

369 — Portrait de mademoiselle Fanny Rossigueux.

370 — Portrait de mademoiselle Antoinette M***.

M. RANSONNETTE, *rue du Figuier Saint-Paul, n. 8.*

371 — Un cadre renfermant quatre dessins à l'aquarelle.

M. RAVERAT, *rue des Vinaigriers, n. 17.*

372 — Héro, tremblant pour les jours de Léandre,

(43)

protège, dans une nuit orageuse, le fanal que
l'amour allume.

373 — L'Espérance, voilée pendant un orage, se
découvre à l'aspect d'un beau jour.

M. SANSONETTI, *rue de la Borde, n.* 14.

374 — Vue de Flandre.

Mlle SARASIN-DE-BELMONT.

375 — Vue de l'église de Saint-Savin et de la vallée d'Argellès.

M. SPINDLER, *rue du Cloître-Saint-Benoît, n.* 7.

376 — Le juge bienfaisant. Sujet tiré de la vie
d'Angrand d'Alleray, lieutenant-civil au tribunal
du Châtelet.

377 — Mes deux heures de faction, ou les trois
périodes de la vie.

M. SCHEFFER.

378 — La retraite de Moscow.

THIBAULT.

379 — Vue du Caire.

380 — Vue des Tuileries, prise du pont Royal.
(Ces deux dessins appartiennent à M Tessier).

THIÉNON.

381 — Paysage, dessin à l'estompe, site d'Italie.
(Ce dessin appartient à M. Aubry.)

M. TREZEL, *rue des Maçons–Sorbonne, n. 1.*

382 — Intérieur de famille, à Smyrne.

M. THOMAS (A.-F.), *rue des Vieilles–Tuileries, n. 22.*

383 — Une asiatique, figurine en marbre.

M. TURPIN-DE-CRISSÉ (le Comte).

384 — Vue de Venise.

385 — Autre vue de Venise.

M. THÉNOT, *rue de Navarin, n. 3, près celle de Martyrs.*

386 — Lavoir à Asnière, sur Oise, dessin aquarelle.

387 — Vue prise à Dun, sur Meuse, dessin aquarelle. (*Ces deux dessins appartiennent à M. Alphonse de Saint-Martin.*)

388 — La grande panthère mâle, de Barbarie (dessin aquarelle).

389 — Vue prise à Montmartre, dessin aquarelle. (*Ce dessin appartient à M. Fossan-Colombel.*)

390 — Vue prise à Villausne, sur Meuse. (*Ce dessin appartient à M. Le Logeais.*)

Mme THUROT (née Lucie Hocuer), *rue de Rivoli, n. 18.*

391 — Sully considère le portrait de Henri IV.

Sully est représenté dans un salon, qui existe encore à l'Arsenal, et où il se retirait habituellement pour conférer en particulier avec le Roi.

392 — Don Quichotte, entouré de ses romans fa-
voris, médite ses futurs exploits.

M. ULRICH, *rue Navarin, n. 7.*

393 — Une vue prise à l'île d'Ischia.

394 — Vue d'une prairie marécageuse près d'Ams-
terdam.

M. VIGNERON ; *rue de Rochechouart, n. 38.*

395 — Le laboratoire d'un marchand de vin.

M. VANSPAENDONCK (CORNEILLE), *quai des Augustins, n. 55.*

396 — Différentes fleurs dans une corbeille posée
sur une table de marbre ; on voit une branche de
lilas.

M. VAUCHELET, *rue Charlet, n. 19.*

397 — La pauvre jeune fille.

M. VALLON, *rue des Moulins, n. 28.*

398 — La douce résistance.
Jeunes paysan et paysanne du canton de Lucerne.

M. VAFLARD.

400 — L'aveu.

Mlle VOLPELIER (J.), *rue Grange-Batelière, n. 13.*

401 — Une Alsacienne.

M. VATIER, *quai de la Grève, n. 80.*

402 — Promenade au parc.

M. VERNET-LAUSET, *rue Montmartre n. 169.*

403 — Etude faite à Fontainebleau.

M. VAN-YSENDICK.

404 — Comme la célèbre Romaine, une dame montre ses enfans comme ses bijoux.

M. VALERY, *rue de Grenelle - Saint - Germain*, *n.* 136.

405 — Bivouacs devant Austerlitz.

Dans la nuit du 1er au 2 décembre 1805, qui précéda la bataille d'Austerlitz, Napoléon s'approcha de quelques bivouacs en avant du quartier général. Il fut bientôt reconnu. Sa présence rappelant aux soldats l'anniversaire de son couronnement, quelques-uns imaginèrent de prendre la paille sur laquelle ils reposaient, et d'en faire des fanaux, qu'ils placèrent au bout d'une perche ou de leur fusil. Cet exemple suivi bientôt sur toute la ligne, produisit la plus brillante illumination. Un vieux grenadier s'approcha de Napoléon, et lui promit, au nom de ses camarades, un bouquet digne de lui pour le lendemain. Napoléon s'écria en rentrant dans sa baraque : « Voilà la « plus belle soirée de ma vie ; mais je pense avec regret, « que demain je perdrai bon nombre de ces braves gens. »

(Victoires et Conquêtes. T. 15*)*.

M. VANDER - BURCH, *rue Saint - Jacques*, *n.* 161.

406 — Vue prise à Sceaux, les Chartreux ; étude d'après nature.

407 — Moulin à eau (aquarelle).

408 — Vue de l'ancien château Tautallon, en Ecosse (lithographie).

Mme VERDÉ-DELISLE, *rue Montmartre, n.* 39.

409 — Une scène du roman de Don Quichotte.

410 — Le repas champêtre.

M. VILLENEUVE (Paul - G.), *rue Mandar*, *n.* 12.

411 — Une vue de Normandie.

M. YVERT, *rue de Vaugirard*, n. 36.

412 — Vue de la rivière des Gobelins.

413 — Vue prise à Mantes.

WATELET.

414 — L'hermitage. (*Ce dessin appartient à mademoiselle Caroline Paillet.*)

M. WIEDERKCHR, *rue Louis-le-Grand*, n. 33.

415 — Le prisonnier, effet de lumière.

416 — Vue prise en Normandie, soleil couchant.

M. WILLIAM-WYLD, *rue de Condé*, n. 2.

417 — Vue prise sur la plage de Honfleur, dans un temps d'orage (grande aquarelle).

SCULPTURE.

M. B.... (LE COMTE DE).

418 — Hyenne prête à s'élancer sur sa proie.

Ce sujet est à vendre et l'auteur en destine le produit aux cholériques.

M. DANTAN, *rue Saint-Lazare*, n. 31.

419 — Buste de M. Casimir Delavigne.

420 — Buste de M. Lallemand, professeur à la Faculté de médecine.

421 — Buste de M. B***.

422 — Buste de M. Schickler.

423 — Portrait en pied de M. Schickler.

M. DUSEIGNEUR.

424 — Le buste de Victor Hugo.

425 — Une Camarderie.

M. ELSHOECHT (Ch.), *rue Mazarine, n.* 47.

426 — Buste de Mlle Léontine Fay.

427 — Buste de M. Wachmust, peintre.

M. FLATTERS, *rue Lafayette, n.* 1.

428 — Une tête de fantaisie en marbre.

M. FRATIN, *rue de Grenelle-St.-Germain, n.* 39.

429 -- Levrier après le forcé.

M. GOSSET.

430 — Buste de M. Foy, l'un des médecins en-
voyés en Pologne. (*Voyez le n.* 231.)

M. MARTIN, *rue de Limoges, n.* 6.

431 —Un buste d'enfant en plâtre.

M. MARIUS RAMUS, élève de M. Cortot.

432 — Tête d'expression, prix remporté à l'Ecole
des Beaux-Arts au concours de l'an 1829.

M. PIGALLE, *rue du Faubourg – Montmartre,*
n. 17.

433 — Buste du Roi, fait dans des séances particu-
lières, données par Sa Majesté.

434 Petite statue en bronze de Montaigne, faisant
partie de la collection des grands hommes de
France.

M. THOMAS (A.-F.), *rue des Vieilles-Tuileries,*
n. **22.**

435 — Une Asiatique, figurine en marbre.

Premier Supplément.

M. AIFRE, *quai Saint-Michel*, *n.* 15.

436 — Plusieurs portraits, même numéro.

M. BARRET, *rue de la Montagne Sainte-Géneviève*, *n.* 83.

437 — Les crêpes, intérieur bas-breton.

438 — Etude de paysage faite en Bretagne.

M. BOILLY (Jules).

439 — Le temple de Vesta à Tivoli.

M. BEROUST, *rue Montorgueil*, *n.* 25.

440 — Un cadre d'eaux-fortes.

M. BILLORET, *à Colombes*, *département de la Seine.*

441 — L'arrivée de Louis-Philippe à la Chambre des Députés. Relief exécuté avec la substance interne du jonc.

M. BODDINGTON (T.).

442 — La kellerine.

443 — Personnage du 16e siècle.

444 — La mort de la jeune fille.

M. BARON, *rue Méhul, n. 1.*

445 —Bouquet de fleurs de Dalhias, en cire.

M. BRASCASSAT.

446 — Un paysage.

M. BORDES.

447 — Portrait de M. Lafeuillade, artiste dramatique.

M. BRUNE, *rue des Beaux-Arts, n. 8.*

448 — Une marine au pastel.

M. CHAPU, *boulevart Saint-Denis, n. 9.*

449 — L'aveugle de Bellangé (aquarelle).

M. CAPDEBOS, *place de la Madeleine, n. 4.*

450 — Etude d'une sainte femme.

451 — Portrait de M. Jollivet, député de Rennes,
avocat à la Cour royale de Paris (dessin).

M. CAMATTE, *rue des Bourguignons, n. 29.*

452 — La mort d'Atala, dessin d'après M. Girodet.

M. CALBON (WILLIAM), *rue Neuve-Saint-
Georges, n. 4.*

453 — Vue prise sur les bords du canal Croydon,
en Angleterre.

454 — Une vue d'Urbam, en Angleterre.

M. CANELLA.

455 — Vue du pont des Arts. (*Ce tableau appartient à M. Georges.*)

M. COROT, *rue Neuve-Saint-Augustin.*

456 — Un couvent sur l'Adriatique (état romain).

M. CRÉPIN.

457 — Le vaisseau *le Glorieux.*

M.ᶜ DALTON, *rue Godot-Mauroy, n. 35.*

458 — Une vache dans son étable (étude d'après nature).

459 — Une bécasse (étude d'après nature).

460 — Un chien de chasse gardant du gibier.

M. DÉCAMPS.

461 — Entrée d'un corps de cavalerie turque dans une ville. Quelques hommes font boire leurs chevaux à une fontaine située au pied du rempart. (*Ce tableau appartient à M. le vicomte d'Harcourt.*)

462 — Un vieux cheval à la porte d'une maison. (*Ce tableau appartient à M. d'Andrezel.*)

M. DELAPERCHE, *rue de Vaugirard, n. 72.*

463 — Une étude pour une Psyché.

464 — Portrait d'enfant.

M. DEBACQ, *rue de l'Université, n.* 113.

465 — La leçon de musique (*Barbier de Séville*), aquarelle.

Mme DELACOUR, *à Vaugirard, rue du Parc, n.* 8 *bis.*

466 — La Vierge, dit *la Belle-Jardinière* (dessin d'après Raphaël).

467 — Des fumeurs, d'après Téniers.

M. DUPIN, *rue Richer, n.* 12.

468 — Dans les trois journées de juillet, un père de famille, ancien officier-général, fait ouvrir les portes de son hôtel, et envoie ses trois fils combattre pour la liberté. Les deux aînés sont montés sur la barricade, et le père, armant le plus jeune, lui dit de suivre l'exemple de ses deux frères. La mère, les sœurs et les gens de la maison, adressent des vœux au ciel. (Fait historique.)

469 — Portrait de Mme ***.

M. DUSSAUCE, *cour du Commerce, n.* 19.

470 — Réunion de fruits.

471 — Gibier et autres objets de nature morte.

M. CHARLES DUSAULCHOY, *rue des Moulins, n.* 11.

472 — L'apothéose de Napoléon.

473 — Un exilé.

474 — Une vue d'Ecosse.

475 — Vue de Rosny.

M. DURUPT.

476 — Portrait en pied de M. ***.

M. FOUQUET (L—V.), *rue Saint-Sébastien, n. 22.*

477 — Un cadre contenant des costumes bretons (aquarelle).

M. FONTENAY, *rue des Fossés-Saint-Germain-l'Auxerrois, n. 14.*

478 — Intérieur d'une cour (en Normandie).

M. GROS (LE BARON).

479 — Bataille des Pyramides.

Le moment représenté est celui où le général en chef de l'armée d'Egypte vient de donner l'ordre de bataille aux généraux Rampont et Desaix, et prononce à l'armée ces paroles mémorables : « Du haut de ces pyramides, quarante siècles vous contemplent ! » Il est accompagné des généraux Murat, Berthier, Junot, le jeune Bauharnais, Duroc et Sukoski.

M. GRAFFENRIED (ADOLPHE), *hôtel d'Italie, place des Italiens.*

480 — Intérieur de l'église de Saint-Pierre, à Rome.

481 — *Id.* de Saint-Sylvestre, à Rome.

482 — *Id.* de St-Martino in Monte, à Rome.

483 — *Id.* de Monréale, près Salerne, en Sicile.

M. GARSON (Victor), *rue Meslay, n. 45.*

484 — Une mère recommandant à son fils d'être sage à l'école.

M. GIGOUX.

485 — Portrait de Mme Ménissier.

486 — Portrait de femme.

487 — Un maréchal ferrant.

M. GILBERT, *cour des Coches, faubourg Saint-Honoré, n. 31.*

488 — Entrée de l'escadre française dans le Tage, en juillet 1831.

M. GOUTAY, *à Thiers, ou rue de l'Arbre-Sec, n. 3.*

489 — Vue d'un lac en Auvergne.

490 — Paysage composé (sujet tiré du *Monastère* de Walter-Scott.)

La Dame-Blanche répond à Albert, qui lui demande des instructions sur le livre noir dont il s'est rendu maître dans la grotte souterraine.

M. GASSIES, *rue Breda, n. 4.*

491 — Intérieur de l'église de Saint-Prix, près la vallée de Montmorenci.

492 — Intérieur de Saint-Pierre, près Calais.

493 — Une Odalisque endormie.

M. GUILLAUME, *rue du Bac, n. 53.*

494 — Paysage historique, d'après M. Bertin.

M. GENRET, *rue Basse*, *n.* 21, *à Passy.*

495 — Les souterrains du château Desville-Gail-
   lons, à Provins (sépia).

496 — Regard de Rongis, recevant les eaux qui
   vont à l'aqueduc d'Arcueil (sépia).

497 — Un dessin de composition à la sépia.

M. HEIGEL fils, *rue Joubert*, *n.* 5.

498 — Portrait de M. docteur B*** (grande miniature).

499 — Portrait de M. N... (*id.*).

500 — Portrait de Mme Schroeder-Devrient (aquarelle).

501 — Un cadre contenant quatre grandes minia-
   tures, parmi lesquelles sont le portrait de l'auteur, d'un Égyptien, et de M. Frendenschup,
   chanteur des Alpes.

Mlles HERVÉ, *rue Vivienne*, *n.* 22.

502 — Portrait de M. le comte D... L...

503 — *Id.* de Mme de C...

504 — *Id.* de miss Arabelle W. (aquarelle).

505 — *Id.* de lady E. M. (aquarelle).

M. HARLÉ, *rue des Saints-Pères*, *n.* 12.

506 — Un petit prisonnier.

M. ISABEY père.

507 — L'escalier de la tourelle.

507 *bis*. — La barque (dessin).

M. JONNÈS.

508 — Lady Jeanne Grey, priant avant son jugement.

M. JACOB (N.-H.), *professeur à l'école d'Alfort*.

509 — Portrait de M. le docteur Manec.

M. JADIN (GODEFROY), *rue de Chabrol, n. 14.*

510 — Paysage. Vue des environs de Quimperlé. (*Ce tableau appartient à M. Leleu.*)

511 — Paysage. Effet du matin. Un bateau sur le devant. (*Ce tableau appartient à M. Cazenave.*)

M. JAMAR (ALEXIS), *rue de Bellefond, n. 14.*

512 — Trois chevaux attelés à un tombereau. (*Ce tableau appartient au docteur Cazenave.*)

M. JULIA.

513 — Un braconnier.

514 — Danse de paysans.

M. LAPERCHE, *rue de Vaugirard, n. 72.*

515 — Portrait d'enfant.

516 — Tête d'étude.

M. LAPITO, *rue Chantereine, n. 44.*

517 — Vue prise à Jugis, lac de Brienne (Suisse).

M. LAURENTY DE VERVIERS (R.), *rue du Temple, n. 28.*

518 — Dessin à la plume. (*Ce dessin appartient à M. Guiffray.*)

M. LEHOUX, *rue Cadet, n. 13.*

519 — Un camp d'Arabes-Bedouins.

M. LERÉE, *rue de Sèvres, n. 31.*

520 — Vue prise sur les bords de la Creuse.

521 — Paysage-marine.

M. LIÉNARD, *place Royale, n. 10.*

522 — Souvenirs et regrets, d'après M. Dubufe (peint sur porcelaine).

M. MARVILLE, *rue de Choiseuil, n. 1.*

523 — Vue des environs de Meulan (Seine-et-Oise).

M. MONTFORT, *quai Malaquai.*

524 — Sujet asiatique (aquarelle).

M. OUDART (PAUL), *rue des Fossés-Saint-Germain-des-Prés, n. 18.*

525 — L'ara rouge, fleurs et fruits (aquarelle).

526 — Le hibou grand-duc et ses petits (aquarelle).

Mme ORSIBAL, *rue du Faubourg-Saint-Denis, n. 64.*

527 — Effet d'orage (aquarelle).

3*

528 — Ruines sur les bords du Rhône (aquarelle).

Mlle PAGÈS, *rue de l'Abbaye*, n. 3.

529 — Un portrait de femme.

M. PAJOU, *rue Saint-Dominique-St-Germain, n. 20.*

530 — Sujet tiré de *Richard en Palestine* (sir Walter-Scott).

M. PIERRON (CH.), *rue Saint-Honoré*, n. 123.

531 — Vue de la rivière des Gobelins, prise sur le boulevart de l'Hôpital.

M. PIGAL, *rue Bergère*, n. 11.

532 — La colique (aquarelle).

533 — Scène de guinguette. Un ménétrier danse avec une jeune fille en jouant du violon. (Aquarelle.)

M. PÉROU, *rue de l'Abbaye*, n. 3.

534 — Ariane abandonnée.

535 — Sisyphe.

536 — Plusieurs têtes d'étude.

M. PARIS, *rue de Crussol*, n. 17.

537 — Étude de moutons métis et indigènes.

538 — Paysage (étude d'après nature).

M. PERDOUX (E.), *rue Monsieur-le-Prince, n. 30.*

539 — Portrait de l'auteur.

540 — Portrait de Me Perdoux.

M. PERRIER (JULES), *rue de Seine-St-Germain,
n. 68.*

541 — Deux petits dessins. Effet de nuit.

Mlle PÉNAVÈRE, *rue du Faubourg-St-Denis,
n. 111.*

542 — Un Portrait d'homme et un de femme
(même numéro).

M. PINGRAY, *rue du Faubourg-du-Temple,
n. 28.*

543 — Un paysage à la sépia.

544 — Quatre dessins à la sépia, dans le même
cadre.

M. POITTEVIN.

545 — Une vue de Calais.

M. RAFFORT, *rue du Marché-Saint-Honoré,
n. 6.*

546 — Une vue d'Auxerre.

M. RAVERAT, *rue des Vinaigriers, n. 17.*

547 — Le roi prêtant serment à la Chambre des
Députés, le 7 août 1830 (esquisse).

M. ROLAND.

548 — Une mère allaitant son enfant. (*Ce tableau
appartient à M. Barthélemy.*)

M. ROEHN fils, *rue du Bac, passage Ste-Marie,*
n. 11.

549 — Une baigneuse.

M. ROBERT (Aurèle), *rue Navarin.*

550 — Une femme de Lucerne, en Suisse, avec
son enfant, sur le bord du lac du même nom.

M. ROQUEMONT, *rue Bellefond, n. 30.*

551 — Une plage.

M. SOULÉS, *rue Saint-Antoine, n. 59.*

552 — Vue du vieux bassin de Honfleur, soleil
levant (aquarelle).

M. SCHNETZ.

553 — Un ermite en prière.

554 — Deux pélerins.

555 — Un capucin aidant à marcher une jeune
femme blessée au pied : il s'est chargé de son
paquet et de son jeune enfant.

M. STORELLI, *rue Saint-Honoré, n. 387.*

556 — Vue prise à Trouville (Normandie).

557 — Ruines du château de Verrés, dans la vallée d'Aoste.

Mlle SARRAZIN (de Belmont).

558 — Un cadre de fixés.

TAUNAY.

559 — Scène comique sur une place publique.

M. THIENON.

860 — Vue du chateau de la Berdre (aquarelle).

861 — Composition. Effet de lune (aquarelle).

M. THEVENIN (Claude), *rue Charlot, n. 15.*

862 — Portrait d'un professeur.

M. TROUVÉ (E.) *rue Hauteville, n. 43.*

863 — Forêt de châtaigniers, d'après nature.

864 — Un village, d'après nature.

Mlle TROUVÉ (Arsenne), *rue Hauteville, n. 43.*

865 — Partrait de Lekain (porcelaine).

M. VAFFLARD, *passage Saulnier, n. 23.*

866 — Un portrait.

867 — Le désespoir.

868 — La mort de Molière.

M. VERNET (Horace).

869 — Grenadiers de la garde sur la plage de l'île d'Elbe, au moment de l'embarquement pour la France.

M. VERNET-LAUSET.

870 — Groupe d'animaux (aquarelle).

M. VAUZELLE, *quai des Augustins, n. 37.*

871 — Intérieur de Saint-Séverin, à Paris.

872 — Intérieur d'un des bas-côtés de l'église de Saint-Julien.

573 — Intérieur du Colysée, à Rome.

574 — Ruines du temple de la paix (aquarelles).

M. WATELET, *rue Neuve-des-Bons-Enfans,*
n. 29.

575 — Vue prise dans les Alpes.

SCULPTURE.

M. MACHAULT, *rue du Faubourg-Saint-Martin,*
n. 73.

576 — Buste du général Dubourg.

M. PILLOY, *rue du Faubourg-Saint-Martin,*
n. 41.

577 — Un trophée d'armes, objet d'art en bijou-
terie.

M. DIEUDONNÉ, *rue Plumet, n. 4 bis.*

578 — Buste de M. le docteur Petit, premier mé-
decin de l'Hôtel-Dieu, victime de la maladie
épidémique.

578 *bis*. — Sujet familier.

M. DESBOEUF, *rue de Larochefoucault, n. 18.*

579 — Une petite figure de Vénus à sa toilette.
(*Ce bronze original appartient à* **M.** *Auber de*
Trucy.)

Second Supplément.

Feu M. LAGRENÉE (Anthelme François).

580 — Deux mameloucks traversant le désert sont attaqués par deux lions.

581 — Vue de la route du pont des Maréchaux, à Moscou. Attelage russe, droschky calèche.

M. CURTY, *rue des Quatres-Vents , n. 6.*

582 — Intérieur d'une fabrique d'huile de vitriol, à Vaugirard.

583 — Extérieur de la même fabrique.

584 — Paysannes des environs de Valenciennes, agenouillées devant un *ecce hommo.*

585 — Un jeune dessinateur.

Mlle GAUME (Mélanie), *quai d'Anjou, n.* 29.

586 — Portraits de Charles Nodier et d'Alphonse de Lamartine (camées sur porcelaine).

587 — Portrait hollandais d'après Albert Cuyp (sur porcelaine).

M. GÉNIOLE (A.-D.), *rue Guénégaud, foubourg Saint-Germain, n.* 18.

588 — Cinq dessins dans un cadre.

589 — Portrait d'homme et d'enfant (à la mine de plomb.)

M. FORGET (Charles), *rue Coquenard, n. 5 bis.*

590 — Un Paysage au Pastel. Le crépuscule.

591 — Une ferme de Picardie (dessin au pastel).

M. MAGGIOLOT, *passage Sainte-Marie, rue du Bac, n. 13.*

592 — Portrait d'enfant et de femme (miniature).

M. BELLE, *quai Bourbon, île Saint-Louis, n. 21.*

593 — Emblême de la paix.

Mars reçoit les caresses de Vénus, il est par elle couronné de myrthe et de lauriers, l'Amour présente la branche d'alisier.

594 — Hersé, fille de Cécrops, sortant de sa baignoire, est aperçue de Mercure qui se dirige vers son palais.

M. DESBARROLLES, *rue Meslay, n. 50.*

595 — Effet de lune. Site de Normandie.

596 — Vue de maisons, dites maisons du temps du siége, à Dieppe.

M. JUSTIN.

597 — Le moulin de Creteil.

M. L'HÉRIE, *rue Vivienne, n. 18.*

598 — Vue de Pierrefonds (aquarelle).

Mme OBRIEN, *rue du Faubourg-Saint-Honoré,*
n. 128.

599 — Un paysage, site composé (*à vendre au*
profit des indigens).

M. PLANSON, *rue des Boucheries, faubourg Saint-*
Germain, n. 56.

600 — Vue prise au bas du pont Royal.

601. —

602. —

603. —

604. —

605. —

606. —

607. —

608.—

609.—

610.—

611.—

612.—

613.—

614.—

615.—

616.—

617.—

www.ingramcontent.com/pod-product-compliance
Ingram Content Group UK Ltd.
Pitfield, Milton Keynes, MK11 3LW, UK
UKHW020403180726
13839UKWH00003B/1246

9 782329 539027